Couverture supérieure manquante

# MÉMOIRE

## HISTORIQUE ET POLITIQUE

### SUR

## LE COMMERCE DE L'INDE.

Par le cit. GARONNE aîné.

A PARIS,

Chez

ANT. BAILLEUL, imprimeur-libraire, rue Grange-Batelière, n°. 3.
P. MONGIE, libraire, cour des Fontaines, n°. 1; et galeries de bois du palais du Tribunat, n°. 224.

AN X. (1802).

# MÉMOIRE

## HISTORIQUE ET POLITIQUE

### SUR

## LE COMMERCE DE L'INDE.

« Vous ne perdrez pas de vue que dix ans de révolution
» ont changé nos habitudes, créé d'autres besoins et
» formé d'autres relations entre les peuples, et vous
» jugerez que c'est dans notre position actuelle qu'il
» faut étudier et qu'il convient de prendre les prin-
» cipes et les règles qui doivent diriger notre conduite ».

*Lettre du Ministre de l'intérieur aux membres des
conseils de commerce.*

LA paix, si désirée et si long-tems attendue, a permis enfin au gouvernement de fixer son attention sur toutes les branches de commerce qui peuvent être utiles à l'état : sous ce rapport, le commerce de l'Inde doit-il être plus spécialement favorisé en ce moment ? Y aura-t-il une compagnie privilégiée, ou le gouvernement laissera-t-il aux négocians la liberté de ce commerce ?

Les capitalistes, qui auront l'espérance de devenir administrateurs d'une compagnie privilégiée, s'efforceront de prouver l'avantage d'un privilége exclusif.

Les négocians, de leur côté, réclameront la liberté de ce commerce.

L'objet de ce mémoire est : D'examiner si le commerce de l'Inde, vu sa nature, notre position actuelle dans l'Inde, comparativement à celle des anglais et des hollandais, et notre situation intérieure, peut être fait avec plus d'avantage pour l'état, par une compagnie privilégiée, que par le commerce libre ;

De présenter le tableau comparatif des avantages et des inconvéniens attachés, soit au privilége exclusif, soit à la liberté du commerce de l'Inde ;

D'indiquer les moyens qui paraissent devoir être les plus propres à déterminer plutôt les occasions de rivaliser avec succès les autres nations européennes dans l'Inde.

Il existe une différence totale entre les résultats du commerce de nos possessions orientales et ceux de nos îles d'occident. Un simple apperçu suffira pour la faire connaître.

Les trois quarts au moins d'une expédition pour l'Inde consistent en argent effectif ; le restant se compose de quelques objets de mercerie, quincaillerie, vins en bouteilles, plombs en saumon, cuivre, fer, cordages, etc.

Les expéditions pour nos îles d'occident, sont composées en totalité de produits territoriaux et industriels nationaux, tels que vins, eau-de-vie, farines, toiles, batistes, etc. etc.

Ainsi on voit que nos expéditions pour l'Inde tendent sans cesse à diminuer la quantité de numéraire qui nous reste en France, tandis que celles pour nos colonies d'Amérique sont entièrement alimentées par des denrées ou des marchandises surabondantes , auxquelles elles donnent une plus grande valeur.

Les retours de l'Inde consistent en mousselines , toiles de coton propres à l'impression , toiles pour la traite des nègres , mouchoirs et autres étoffes , toutes destinées à être employées en France ou dans nos colonies , attendu que les anglais , les hollandais et les danois peuvent fournir aux nations étrangères ces mêmes étoffes avec plus d'avantage que nous. Le débouché en est borné à nos besoins au préjudice de nos manufactures , qui font aussi des mouchoirs , des nankins , et même des mousselines (1). Personne n'ignore d'ailleurs que les suisses ont porté la fabrication de leurs mousselines à un point qui commence à les mettre en concurrence avec celles de l'Inde (2).

---

(1) Il y en a notamment une fabrique à Tarare , aux environs de Lyon.

(2) Les suisses font de très-belles mousselines, et qui sont moins chères que celles de l'Inde. A la vérité , on dit qu'elles durent moins ; mais en supposant que cela fût, ne serait-il pas possible de perfectionner cette fabrication ? Nous tirons du coton de nos colonies ; nous pourrions du moins entrer avec avantage en concurrence avec les suisses, et fixer en France cette branche d'industrie, qui ne laisserait pas d'être considérable.

Les anglais font aussi des mousselines , et ont même déja surpassé les suisses dans cette fabrication.

On objecte que la main-d'œuvre est à très-bon compte dans l'Inde, et qu'elle serait très-chère en France : mais, sans entrer ici dans la discussion de cette objection, et m'attacher à l'affaiblir, je me bornerai à dire que la main-d'œuvre est bien plus chère en Angleterre que dans l'Inde ; cependant on fait des mousselines en Angleterre.

Nos cotons de l'Isle-de-France sont les plus beaux qu'on recueille. Les anglais les employent tous, parce qu'ils y ont mis un prix que nulle autre nation ne peut atteindre. Il les payent jusqu'à 11 fr. la livre.

Les retours de nos îles américaines consistent, au contraire, en sucres, cafés, indigos, cotons et autres denrées (1), qu'aucun peuple commerçant ne peut fournir avec plus d'avantage que nous, et qui, indépendamment du plus grand prix que leur échange a déjà donné à nos vins, huiles, toiles, farines et autres denrées ou produits de France, opéraient la rentrée, lorsque nos colonies étaient en bons rapports, de sommes énormes en numéraire : on les a évaluées jusqu'à 170 millions par an.

On ne peut donc nier que le commerce de l'Inde ne soit, par sa nature, aussi défavorable à notre balance de commerce, que celui de nos colonies américaines pourrait lui être avantageux.

J'ai dû d'abord présenter ce résultat, non pour en tirer la conséquence, que nous devions abandonner le commerce de l'Inde, mais pour établir en principe qu'il convient de lui donner la direction la plus convenable à notre situation actuelle, attendu que ce commerce n'est pas sans inconvéniens en ce moment, et que les encouragemens à lui accorder, doivent se concilier, autant que possible, avec l'avantage de nos fabriques nationales ou des autres établissemens, au moyen desquels on pourrait introduire en France une nouvelle branche d'industrie, que l'exemple des suisses et des anglais annonce devoir devenir considérable.

---

(1) On importait même quelquefois du numéraire en retour, indépendamment de celui que faisaient rentrer en grande quantité les dépenses que venaient faire en France nos colons, lorsqu'ils étaient riches.

En examinant notre position actuelle dans l'Inde , je trouve qu'il ne nous reste que Pondichéry sans fortifications ; Chandernagor, quelques comptoirs et des portions de territoire extrêmement bornées , presque partout entourées de vastes possessions anglaises. La mort de Typoo-Saïb ne me laisse rien à dire touchant les secours que nous pourrions y attendre de nos alliés (1).

Les anglais, au contraire, y sont maîtres d'une étendue de terrain immense ; des millions d'habitans sont sous leur dépendance directe ou indirecte (2), et

---

(1) « Par le traité de 1763 , la France s'obligea à ne point ériger de fortifica-
» tions, à n'entretenir aucune troupe dans le Bengale. Les anglais qui y exercent
» la souveraineté , ne permettront jamais qu'on s'écarte de la loi qu'ils ont im-
» posée. Ainsi Chandernagor, qui, avant la dernière guerre , comptait soixante
» mille ames , et qui n'en a maintenant que vingt-quatre , est et sera toujours
» un lieu entièrement ouvert.

» A ce malheur, d'une situation précaire, se joignent des exactions de tous
» les genres. Peu content des préférences que lui assure une autorité sans
» bornes, l'anglais s'est porté à des excès crians. Il a insulté les loges des
» français ; il leur a enlevé les ouvriers qui lui convenaient ; il a déchiré, sur
» le métier même, les toiles qui leur étaient destinées ; il a voulu que les
» manufactures ne travaillassent que pour lui pendant les trois mois favorables ;
» il a ordonné que ses cargaisons seraient choisies et complétées avant qu'on
» pût rien détourner des ateliers. Le projet imaginé par les français et les
» hollandais réunis , de faire un dénombrement exact des tisserands , et de se
» contenter ensemble de la moitié, tandis que l'anglais jouirait seul du reste,
» a été regardé comme un outrage. Ce peuple dominateur a poussé ses pré-
» tentions jusqu'à vouloir que ses facteurs pussent acheter dans Chandernagor
» même ; et il a fallu se soumettre à cette dure loi, pour ne pas se voir exclus
» des marchés de tout le Bengale.

» Dans la situation actuelle, les comptoirs français ne rendent pas au-delà de
» deux cent mille francs , et coûtent plus de deux millions. »

Cette note est copiée de *l'histoire philosophique*. Personne n'ignore l'étendue de puissance et de domination à laquelle les anglais se sont élevés depuis 1780.

(2) Le souba du Bengale est nommé par eux , et leur compagnie est fermière de son propre souba.

L'empereur du Mogol, à qui ils promirent quelques secours, qu'ils ne lui

les peuples qui ne sont pas soumis à leur domination, sont devenus, par leurs traités, tributaires de leur industrie (1).

Ainsi que nos productions européennes nous favorisent pour le commerce des îles françaises, de même les anglais sont favorisés pour le commerce de l'Inde. Leurs riches mines d'étain, leurs fers, leur plomb, leur cuivre, leurs ouvrages en acier, en coutellerie, en cuirs, quincaillerie, mercerie, étoffes de laine, etc., acquièrent une valeur de plus par les besoins de l'Inde ; et par les échanges qu'ils en font avec des mousselines et autres étoffes indiennes, ils récupèrent, avec des bénéfices considérables, une grande partie de numéraire qui favorise d'autant leur balance de commerce (2).

Les anglais, d'ailleurs, maîtres d'un territoire immense dans l'Inde, y perçoivent, indépendamment des impôts, les revenus de leurs propriétés territoriales (3), qui joints aux tributs que leur payent les puissances secondaires qu'ils protègent, aux sommes que les parti-

---

donnèrent point, leur céda provisoirement la souveraineté du Bengale, et est lui-même dans leur dépendance, etc.

(1) « La juridiction du conseil suprême des anglais dans le Bengale, s'étend » non-seulement sur toutes les provinces conquises dans cette région, mais même » sur toutes les autres contrées de l'Inde où les anglais ont des possessions. » Ceux qui y exercent l'autorité ne peuvent faire, sans son aveu, ni la guerre, » ni la paix, ni aucun traité avec les princes du pays. » *Hist. philos.*

(2) « Au premier janvier 1778, leur compagnie avait la disposition libre de » 102,708,112 livres tournois, sans compter les navires, les fortifications et » tout ce qui servait à l'exploitation de ses divers établissemens. » *Hist. philos.*

(3) En 1773, ces produits territoriaux leur rendirent déjà 113,791,252 liv.

culiers ou leur compagnie rapportent annuellement de
l'Inde, et à celles encore plus considérables qu'ils reti-
rent de l'étranger par les reventes (1) de tout ce qui est
surabondant à leurs besoins intérieurs, forment une
masse de numéraire immense, et qu'il serait bien difficile d'évaluer; et comme si toutes les nations devaient
concourir à ajouter à de si grands avantages, les peuples d'Europe, pour éviter les risques des traversées,
vont souvent à Londres convertir leur argent en lettres
de change sur l'Inde.

Tant de moyens d'un côté, si peu de ressources de
l'autre, font assez voir qu'il faut commencer à préparer
des résultats différens avant de songer à donner une
grande extension à ce commerce, et lors même qu'il

---

(1) Depuis 1726 jusques et y compris 1756, époque de la grande prospérité
de la compagnie française, les ventes ne s'élevèrent en totalité qu'à 437,376,284
liv., ce qui fit, année commune paix et guerre, 14,108,912 liv. Dans les années
où ces ventes se sont le plus élevées, le produit annuel n'a pas été au-dessus
de 18 millions. En Angleterre, celle de 1772 fut de 79,214,872 liv.; celle de 1773,
de 71,992,552 liv.; celle de 1774, de 82,665,405 liv.; celle de 1775, de 78,627,712
liv.; celle de 1776, de 74,400,457 liv., ce qui les portait annuellement à 77,420,199
liv., 12 s. De plus, on y évaluait à cette époque à 11,250,000 liv. les marchandises
qui y arrivaient clandestinement, et à 4,500,000 liv. les retours en diamans.
« Observez, dit Raynal, que ces vastes spéculations, qui rendent tributaires de la
» Grande Bretagne tous les peuples de l'Afrique, de l'Europe et de l'Amérique,
» ne font sortir annuellement de cet empire que 2,500,000 liv., tout au plus
» 3,375,000 liv., et vous aurez une idée des avantages immenses que ces colo-
» nies si éloignées procurent à leurs heureux possesseurs. »
Il est inutile de faire remarquer que, depuis l'époque où Raynal nous a donné
ces renseignemens, les anglais se sont emparés des possessions de Typoo-Saïb,
ont acquis l'île de Ceylan, et possèdent ainsi Trinquemale, le port le plus vaste
et le plus sûr de la côte de Coromandel, où ils pourront faire hiverner leurs
flottes, sans être obligés de les renvoyer au Bengale; la neutralité du cap de
Bonne-Espérance, etc. etc.

sérait prouvé par les succès des compagnies anglaise et hollandaise, que le commerce de l'Inde, par sa nature, fait exception à tout autre genre de commerce, et ne peut être suivi que par une compagnie privilégiée, il faudrait, comme nous le démontrerons par la suite, attendre une occasion plus propice pour s'occuper d'un pareil établissement qui, dans les circonstances actuelles, aurait trop de défaveur, et présenterait de trop grands dangers.

Pour ne pas trop multiplier ici les détails, je ne parlerai pas des avantages particuliers aux hollandais. Personne n'ignore qu'ils fournissaient exclusivement aux Indes, la canelle, le girofle, la muscade et le macys, dont la consommation s'élevait annuellement à douze millions.

Après avoir comparé nos positions respectives dans l'Inde, si nous jetons un coup-d'œil sur notre situation intérieure, comment pourrons-nous méconnaître que, dans un état où l'argent est rare et tellement cher, qu'on ne peut s'en procurer qu'au taux d'un à un et demi pour cent d'intérêt par mois, et où le plus grand nombre de capitalistes a pris la douce habitude de ne prêter à ce taux même que sur *nantissement*, il soit possible de s'occuper avec avantage d'un commerce qui exigera une grande exportation de numéraire, et qui, en augmentant notre déficit, ne nous donnera en résultat que des étoffes de fantaisie, qui porteront de plus un grand préjudice à nos fabriques nationales.

Telle est cependant sous ces deux rapports notre véritable situation. Le gouvernement actuel environné de la confiance publique, fort de ses lumières et de ses intentions, saura bien la changer ; mais ce nouveau bienfait, il ne peut l'opérer que graduellement.

La prospérité de la France, comme étant un pays aussi essentiellement agricole que commerçant, tient sur-tout à ses ressources intérieures. Nos armées et les héros qui les ont commandées, nous ont donné la paix ; l'agriculture et le commerce doivent nous rendre l'abondance. Nos produits territoriaux sont immenses ; notre industrie bien dirigée nous fera des tributaires de tous les peuples étrangers. C'est ainsi qu'après la guerre de sept ans, Lyon, cette cité jadis si florissante, aujourd'hui si intéressante par ses malheurs, fit rentrer en France, en dix-huit mois, par les produits de ses manufactures, plus de numéraire qu'il n'en était sorti pour subvenir aux dépenses de la guerre. Lyon, m'objectera-t-on, ne fabrique que des étoffes de soie, et d'ailleurs rien n'empêche qu'on favorise son commerce, et qu'on s'occupe en même-tems avec succès de celui de l'Inde. J'en conviens ; aussi n'ai-je voulu, en citant cet exemple, qu'essayer d'appliquer au commerce de l'Inde une partie des avantages que jadis nous avons retirés de Lyon.

Si le gouvernement crée une compagnie privilégiée, ce but sera manqué, parce que l'intérêt de cette compagnie sera de chercher à augmenter le plus possible le débouché des mousselines, toiles de coton et autres étoffes de l'Inde, et qu'il faudra la favoriser sous ce rapport.

S'il laisse aux négocians la liberté de ce commerce,

cet intérêt sera beaucoup moindre ( il leur sera égal, en effet, d'importer des cotons ou des étoffes fabriquées ), et les opérations du commerce pourront se concilier davantage avec les intérêts de nos fabriques, et les tentatives qu'on peut désirer do faire pour leur amélioration.

Ce dernier parti offre incontestablement, et sans le moindre inconvénient, le double avantage ;

1°. De conserver toujours la faculté d'établir une compagnie privilégiée, si l'on reconnaît que les efforts du commerce libre sont insuffisans ; 2°. d'obtenir la certitude, par des essais faits avec soin et favorisés par le gouvernement, que la fabrication des mousselines peut ou non être introduite en France.

Il est impossible, dira-t-on, d'introduire en France cette fabrication, de manière à soutenir la concurrence avec celle de l'Inde : voilà précisément ce qui n'est pas encore prouvé, et ce qui mérite au moins qu'on le constate par des tentatives bien dirigées (1). Ces tentatives ne devront pas être vagues et abandonnées aveuglément à la seule ambition du commerce ; le fabricant n'agit,

---

(1) Les anglais qui ont porté si loin la perfection de fabrication de leurs étoffes en coton, en ont reçu de nous les premiers élémens. Personne n'ignore que les cruautés du duc d'Albe et les persécutions dirigées contre les réformés, firent passer en Angleterre les plus habiles fabricans flamands et français, qui y transportèrent, à ces époques, les arts de nos plus belles manufactures.

En 1760, les meilleurs ouvriers en acier ne trouvaient le débit de leurs ouvrages, en Europe et même à Londres, que sous le titre d'*aciers de Paris*.

Une meilleure direction de l'esprit public en France, et quelques encouragemens accordés au commerce par le gouvernement, suffiraient pour nous rendre notre prééminence primitive dans ce genre.

en général, que d'après des résultats positifs ; il n'aime pas à courir le hasard d'essais , dont l'avantage est incertain, éloigné, et dont les moyens d'exécution ne sont pas à sa portée. Il ne calcule que d'après les circonstances qui l'entourent. Ici, le gouvernement aura des vues plus étendues, et lui seul, en effet, peut réunir ou déterminer les moyens d'exécution indispensables. Le bailli de Suffren, que la marine de France citera toujours avec orgueil , avait été frappé de l'idée d'introduire en France la fabrication des mousselines , toiles de coton et autres étoffes de l'Inde , lorsqu'il nous amena des fileuses indiennes ; mais le ministère qui avait assez méconnu les intérêts du commerce de France , pour faire avec l'Angleterre le traité de commerce de 1786 , put bien ne pas apprécier une pareille idée, ou négliger de donner à son exécution tous les soins de détail qu'elle réclamait. Le gouvernement actuel peut la renouveler, en employant des moyens plus efficaces , et nous verrons ensuite s'il est impossible aux français actifs, intelligens , industrieux , et qui ont déja imité avec tant de perfection la beauté des tapis de Perse, de faire en France, au dix-neuvième siècle, ce que les grecs firent avec le plus grand succès au neuvième (1). Qu'opposera-t-on d'ailleurs , je le répète , aux premiers

---

(1) « Vers le commencement du neuvième siècle , les grecs avaient imité les ma-
» nufactures de l'Asie, et ils s'étaient appropriés les richesses de l'Inde par diffé-
» rentes voies ; mais ces deux sources de prospérité tombèrent bientôt avec leur
» empire, qui n'opposait au fanatisme guerrier et intrépide des arabes, que le
» fanatisme imbécile et lâche des querelles scholastiques, et des controverses
» monacales. » *Hist. philos.*

essais de ce genre, faits à côté de nous par les suisses, et poussés déja si loin, sans autre secours que le zèle et l'ambition de leurs fabricans ? Les anglais ont été plus loin encore. Tout le monde sait qu'ils font de très-belles mousselines : pourquoi donc ne tenterions - nous pas aussi d'introduire plus généralement , et de perfectionner en France cette nouvelle branche d'industrie (1) ?

Ces observations nous mettent déja sur la voie de tirer la conséquence, que la liberté du commerce de l'Inde sera réellement avantageuse à l'état, tandis que le privilége exclusif ne serait utile qu'à la compagnie privilégiée.

J'ai eu de fréquentes occasions , avant de me livrer à la composition de ce mémoire, de m'entretenir du commerce de l'Inde avec des personnes compétentes ; et il ne sera pas hors de propos de résumer ici les raisonnemens pour et contre que j'ai recueillis dans ces entretiens. Je les présenterai en deux colonnes, pour en rendre la comparaison plus facile au lecteur.

*La puissance et les richesses de l'Angleterre dans l'Inde sont connues du monde entier. Par quels moyens l'Angleterre est-elle parvenue à un tel degré de prospérité ? En faisant*

La question du privilége exclusif n'est pas la première à résoudre ; il faut prononcer auparavant sur celle de savoir quels sont, *dans les circonstances actuelles,* les moyens de rendre plus utile à l'état le commerce de l'Inde.

---

(1) Les suisses viennent de recevoir des cotons filés dans l'Inde, avec lesquels ils font des mousselines supérieures en qualité à celles qu'ils faisaient auparavant.

*ce commerce par l'entremise d'une compagnie privilé-giée.*

*La Hollande, la seconde puissance européenne dans l'Inde, a également obtenu de grands succès, et ne les a dus qu'au même principe.*

*L'expérience prouve donc que le moyen le plus avantageux de faire le commerce de l'Inde, est d'en confier la direction à une compagnie privilégiée.*

Pour trouver la véritable source de la prospérité des anglais et des hollandais dans l'Inde, il faut remonter à l'époque de leurs premières expéditions, afin d'apprécier les causes qui ont concouru à leurs premiers succès, et les appliquant à notre position actuelle, voir si nous pouvons en présumer de semblables.

Les vénitiens étaient en possession du commerce de l'Inde, qu'ils faisaient par l'isthme de Suez, lorsque, sous le règne de Jean II, les portugais doublèrent le cap de Bonne-Espérance. Le successeur de Jean II, Emmanuel, profita d'une découverte aussi importante, et dès le 18 juillet 1497, il confia à Vasco de Gama une flotte de quatre vaisseaux, avec laquelle cet amiral, après une traversée de treize mois, arriva dans l'Indostan. Les portugais s'établirent peu à peu dans les plus belles régions de l'Inde, et Lisbonne devint en Europe l'entrepôt des riches productions de ces climats éloignés. Les hollandais n'étaient alors que les simples facteurs des vainqueurs de l'Asie ; ils ne connaissaient que le port de Lisbonne, où, en 1590, ils allaient encore acheter les marchandises de l'Inde qu'ils fournissaient au reste de l'Europe.

Philippe II, roi d'Espagne, devenu roi de Portugal, défendit, en 1594, à ses nouveaux sujets toute espèce de relation avec les hollandais. Ce monarque fanatique ne prévit pas alors que cette interdiction deviendrait l'origine de la prospérité de ses ennemis.

Par une de ces petites causes qui produisent assez souvent de grands effets, Corneille Houtman, hollandais d'origine, ouvrit à ses compatriotes la route de l'Inde. Houtman était détenu à

Lisbonne pour dettes. Ayant eu connaissance de la défense de Philippe II, il fit proposer aux négocians d'Amsterdam de leur faire connaître la navigation de l'Inde, et de diriger leurs premières expéditions, s'ils voulaient payer ses dettes et le faire sortir de prison. Cet homme doué d'un génie fécond et entreprenant, avait acquis sur cette navigation des connaissances qui le mirent à même de tenir sa promesse. Les hollandais arrivèrent dans l'Inde.

A cette époque, les portugais découragés par la mort du roi Sébastien, et par les évènemens qui rendirent Philippe II maître du Portugal, s'y trouvaient isolés et presqu'abandonnés à euxmêmes. Leurs excès les y avaient fait détester : l'insubordination de leurs troupes, la corruption de leurs chefs et la haine des peuples de l'Inde, secondèrent d'autant plus les efforts des hollandais, que ceux-ci opposaient au despotisme cruel, au fanatisme sanguinaire, et aux exactions de tout genre de leurs rivaux, des paroles de paix et de liberté, une religion tolérante, des mœurs plus douces et des principes plus justes. Les deux nations se battirent avec un acharnement incroyable ; mais les hollandais qui avaient contracté des alliances favorables dans le pays, et qui recevaient journellement des renforts de l'Europe, triomphèrent.

Les anglais, que le génie d'Elisabeth et quelques circonstances heureuses commençaient à mettre au rang des premières puissances de l'Europe, avaient déja pénétré dans l'Inde par la mer du Sud et le cap de Bonne-Espérance.

Vers l'an 1602, Lancaster arriva au port d'Achem, entrepôt alors célèbre, avec un armement de quatre vaisseaux ; il y avait été devancé par la gloire qu'avaient acquise à sa nation les victoires que les flottes anglaises avaient remportées en Europe sur celles des espagnols, et la connaissance de ces évènemens lui valut l'accueil le plus distingué.

Lancaster sut s'attirer l'affection des indiens par la conduite et les principes les plus sages.

Les portugais alors déchus de leur grandeur passée, ne s'occupaient que de pillage.

Les hollandais avaient principalement fixé leur attention sur le commerce des épiceries, qu'ils cherchaient à s'approprier exclusivement; mais ils ne virent pas sans ombrage une nation puissante, qui venait prendre part aux richesses de l'Inde. L'Océan indien fut de nouveau rougi du sang européen. Les hollandais et les anglais se battirent avec un courage et un acharnement sans égal.

Les portugais profitèrent de ces divisions, et après le traité d'alliance que les compagnies hollandaise et anglaise firent en 1619, ils se trouvèrent en état d'empêcher que les anglais fussent reçus à Surate.

L'armement considérable qu'ils firent sortir de Goa l'année suivante, arrêta les avantages que les anglais auraient pu tirer des renforts que leur amena Thomas Best.

Shab Abbas, surnommé le grand, sophi de Perse, fatigué des portugais qui mettaient continuellement des entraves au commerce de ses sujets avec les indiens, instruit du ressentiment des anglais, leur fit proposer de réunir leurs flottes à ses armées pour assiéger Ormuz. Ormuz fut pris en 1623, et avec les richesses immenses qu'ils s'y partagèrent, les vainqueurs acquirent la liberté du commerce de la Perse et de l'Inde, qui devait leur en fournir de plus considérables encore.

De si brillans succès réveillèrent la jalousie des hollandais, qui réunirent de nouveau toutes leurs forces contre les anglais. Les dissentions intérieures qui agitèrent la Grande-Bretagne à la mort de Charles I<sup>er</sup>., ne laissèrent aux anglais, dans l'Inde, que leur courage, et leur compagnie fut réduite aux plus grands revers.

Alors eut lieu en Europe la guerre la plus sanglante qu'on y eût jamais vue. Cromwel irrité des secours que les hollandais avaient accordés aux malheureux Stuart, rassembla contr'eux toutes les forces de l'Angleterre. L'histoire nous a conservé le souvenir des actes de courage et de capacité qui illustrèrent les deux nations. Cromwel fut vainqueur, et cette victoire valut aux anglais, dans l'Inde, de nouveaux succès, que le tems n'a fait qu'accroître (1).

Les bornes de ce mémoire ne me permettent pas de pousser plus loin ce récit historique; mais si, au lieu des circonstances que nous venons de parcourir, il ne se fût trouvé dans l'Inde, à l'arrivée des anglais, qu'une seule nation européenne qui y eût déja conquis par la force de ses armes un territoire immense, protégé d'ailleurs par la marine la plus redoutable de l'Europe; si une telle puissance déja victorieuse, favorisée, en outre, par les produits de ses possessions territoriales, eût, de plus, imposé à ceux des peuples de l'Inde qu'elle aurait dédaigné de vaincre, l'obligation de rechercher, de payer même chèrement son alliance, et de se mettre dans sa dépendance commerciale, peut-on se refuser à croire que cette puissance européenne, devenue si formidable, n'eût bientôt arrêté les progrès des anglais ou des hollandais, à moins que, dans sa politique, elle n'eût pressenti qu'elle trouverait les moyens de tourner contre eux-mêmes leurs propres efforts, et de les rendre aussi ses tributaires, en leur laissant apporter le numéraire qui devait servir à payer les produits de ses propriétés indiennes, et ceux même de son industrie européenne?

N'avons-nous pas à craindre que cette hypothèse ne devienne notre histoire?

_____

(1) Hasarderais-je ici une réflexion, que les tentatives et les divers progrès des portugais, des hollandais et des anglais, semblent devoir faire naître? En analysant le caractère particulier de chacun de ces peuples dans l'Inde, on trouve que les portugais n'ont été que guerriers, que les hollandais ont été moins guerriers que commerçans, mais que les anglais y ont été aussi essentiellement commerçans que guerriers.... Sans tirer de cette remarque toutes les considérations qui viennent s'offrir, elle n'est pas indifférente pour déterminer le mode d'établissement qui, par sa nature et les circonstances, serait le plus propre à nous faire obtenir de plus grands succès dans l'Inde.

. *Il résultera de l'éta-
b.......sement d'une compagnie
privilégiée une plus grande
réunion de fonds , présen-
tant des moyens plus efficaces de se livrer à de plus
vastes et de plus sûres opérations.*

2. Cet avantage lui-même pourrait être contesté ; car , après la
suppression du privilége accordé
à la dernière compagnie des Indes,
un seul négociant, le cit. Rabaud,
de Marseille , était parvenu à or-
ganiser une compagnie , qui avait
huit millions de mise de fonds.
Pourquoi s'opposer à de pareils
efforts, si propres à honorer le
commerce français , et à exciter
son ambition ?

3. *L'armement d'une ma-
rine plus considérable, et
qui pourra être plus immé-
diatement utile à l'état,
( comme corps ).*

3. Cela peut être vrai sous quelques rapports ; mais les équipages
du commerce, moins nombreux
que ceux d'une compagnie privilégiée , fourniront à la marine
nationale des matelots plus exercés,
et, par cela même, des marins plus
habiles (1).

4. *L'avantage d'avoir sur
les lieux des agens qui pourront y établir des ateliers , et
dont les renseignemens, plus
suivis et plus sûrs, abou-
tissant à une centralité d'o-
pérations , pourront diriger
les envois et les retours sui-
vant les besoins et les loca-*

4. L'avantage résultant de la
centralité d'opérations est positif
pour la compagnie ; mais il serait
commun à tout privilége exclusif,
et ce ne serait pas , sans doute,
une raison pour livrer exclusivement tout le commerce maritime
d'un pays à ce mode d'exploitation.

---

(1) Dans l'intervalle de 1769 à 1785, époque du dernier privilége, il y a eu
des années où les expéditions du commerce ont été plus nombreuses que celles
de la compagnie privilégiée ne l'avaient été depuis 1757.

*lités, tandis que les expé-*
*ditions isolées du commerce*
*ne pourront être combinées*
*que sur des données parti-*
*culières, et occasionneront*
*une concurrence qui fera*
*augmenter de prix , dans*
*l'Inde, les toiles et autres*
*étoffes, etc.*

Le commerce aura des agens moins coûteux et plus affectionnés qu'une compagnie. Avant le privilége de 1785, la maison Bérard, de Lorient , et plusieurs autres avaient établi des agens intéressés à Pondichéry.

La concurrence a toujours servi de prétexte à ceux qui ont tenté d'obtenir des priviléges exclusifs ; mais l'expérience nous a prouvé combien ce prétendu obstacle était peu à craindre.

Lorsqu'il fut question de former une compagnie privilégiée pour la traite des nègres et pour nos îles, on opposa à la liberté du commerce les dangers de la concurrence pour l'achat des nègres en Afrique, et la vente en Amérique.

La compagnie jouit seule, pendant vingt-deux ans, de l'effet de ce privilége. Par l'art. VII du mémoire en demandes d'indemnités, qu'elle présenta au roi au mois de juin 1747 , sous prétexte qu'elle avait été mal payée des nègres qu'elle avait transportés dans nos colonies françaises d'Amérique, la compagnie demanda et obtint le remboursement d'une somme de 5,800,000 l. que le roi lui assigna sur le trésor public. A cette époque, elle avait déja reçu, pour le seul commerce de Guinée et du Sénégal, en gratifications ou indemnités, 3,327,524 liv.

Tel est donc toujours l'effet des priviléges exclusifs, que ce qui serait infiniment avantageux au commerce libre , devient onéreux pour une compagnie privilégiée.

On va être convaincu de cette vérité :

La compagnie accorda au commerce, moyennant un droit qu'elle se réserva, la liberté de la traite, qu'elle continua aussi à faire elle-même.

Du 1er. février 1725 au 30 juin 1736, la compagnie transporta en Amérique . . . . . . . . . . 11,066 nègres.

Dans le même intervalle, le commerce y en transporta . . . . . . . . . . 29,040

De 1736 à 1743, par la compagnie. . . . 2,757

Dans le même intervalle, par le commerce . . . . . . . . . . 61,949

_______________________

90,989   13,823 nègres.

La compagnie ayant cessé la traite des nègres de Guinée, de 1743 à 1756, le commerce transporta dans nos îles 98,132 noirs.

Ce résultat réfute entièrement les dangers de la concurrence; mais il y a plus, l'expérience prouve, au contraire, que le plus grand nombre d'acheteurs attire toujours une plus grande quantité de vendeurs : les marchés les plus fréquentés sont ceux où, par la concurrence des vendeurs, les prix sont toujours les plus modérés.

Les indiens deviendront plus actifs et plus industrieux par l'espérance de tirer un parti plus avantageux de leurs marchandises, pour lesquelles ils n'auront plus à recevoir la loi d'un seul acheteur; plus ils gagneront sur les premières ventes, plus l'espérance d'un bénéfice pareil excitera leur ambition. Qu'en résultera-t-il ? C'est que la concurrence des vendeurs mettra par la suite les acheteurs dans le cas de leur faire la loi à leur tour, jusqu'à ce que la balance s'établisse entre le prix de la marchandise et les besoins du consommateur.

5. *Une compagnie inspirera plus de confiance, et trouvera des fonds à un intérêt plus avantageux que des particuliers.*

5. Cela fût-il vrai, la différence de l'intérêt sera plus que compensée par l'économie des expéditions du commerce.

*6. L'avantage présumé de son privilége et de ses opérations determinera de plus la confiance des étrangers, qui, pour devenir actionnaires, nous apporteront leur numéraire.*

6. Ce raisonnement n'est que spécieux ; car ce numéraire apporté de l'étranger, devra passer dans l'Inde, pour ensuite être rendu avec les bénéfices qu'il aura produits : à la vérité, il diminuera d'autant la quantité qu'il faudrait fournir en sa place. Mais ici le mal l'emporte sur le bien, car ce bénéfice procuré à l'étranger, aura lieu au détriment de celui que pourrait faire le commerçant français, si ces expéditions étaient libres. Le commerçant français, en outre, avantageusement connu par sa moralité et ses lumières, ne pourrait-il pas également trouver des actionnaires chez l'étranger?

Du reste, l'étranger ne paraît pas encore très-empressé de nous accorder sa confiance et son argent ; car si cela était général, les intérêts n'étant en Hollande et dans quelques autres états du Nord, qu'à 3, 4 et 5 pour cent par an, ils ne se soutiendraient pas en France, même *avec nantissement*, à un pour cent par mois, et plus souvent au-delà.

*7. D'autres partisans du système privilégié vont encore plus loin, et proposent de demander au gouvernement un privilége de neuf années ; un prêt de fonds, à raison de 5 à 6 pour cent d'intérêt par an ; l'exemption, sur les retours de la compagnie, de la totalité des droits de douane pendant les trois premières années, et de la moitié de ces droits pendant les quatre, cinq et sixième années.*

7. Tous ces avantages seraient sans contredit au profit d'une compagnie privilégiée, mais au détriment de l'état ; et si le commerce de l'Inde doit être avantageux, les négocians français le feront, sans demander aucune faveur de ce genre.

8. *D'autres citent comme un acte de justice préalable, d'intéresser dans le nouveau privilége les actionnaires de la dernière compagnie, et d'admettre en paiement de leur nouvel intérêt les actions de l'ancienne qui n'ont pas encore été remboursées.*

8. Cet article présente tant d'objections, qu'il ne me paraît pas même susceptible de discussion. Mais en supposant qu'il pût être admissible, sans battre en ruines les opérations de la nouvelle compagnie, il faudrait du moins borner cette faveur aux actionnaires primitifs, et convenir du taux auquel on devrait les recevoir de la part de ceux qui peuvent les avoir achetées à vil prix : alors même ne réparerait-on pas le mal supporté par le propriétaire primitif qui aurait vendu (1).

Faudrait-il mobiliser ces effets ? etc. etc.

Nous venons de voir que, sous les rapports d'intérêt public et commercial, le privilége exclusif pouvait être avantageusement combattu ; mais les partisans de ce système chercheront peut-être à tirer parti de la nature du commerce de l'Inde et de l'état de servitude et de pauvreté de ses habitans, pour prouver que nos relations avec eux ne peuvent être entretenues que par une grande compagnie privilégiée ; et afin de prévoir dans ce mémoire, autant qu'il me sera possible, les objections qui peuvent être faites, je dois donner ici un historique succinct des révolutions de l'Inde, et de l'état auquel elles ont réduit les indiens ; exposer les conséquences qu'on en

---

(1) L'agiotage, toujours actif à se créer de nouvelles ressources, en attendant celles que lui procureraient les actions d'une nouvelle compagnie privilégiée, s'exerce déja sur celles de l'ancienne ; ces actions sont très-demandées en ce moment à la bourse, à 100 fr., leur valeur primitive est de 1000 fr.

peut tirer en faveur du système privilégié, et les réponses qu'on y peut faire en faveur du commerce des nations européennes.

L'Inde, cette contrée si belle et si riche, que la nature a comblée de ses faveurs les plus précieuses, fut le pays le plus heureux de la terre, tant que ses peuples purent jouir en paix de la sagesse de leurs institutions primitives et de l'excellence de leur climat : mais toujours la prospérité des bons a excité l'envie des méchans ; et malheur sur-tout à ceux dont les richesses purent tenter ces premiers ambitieux, honorés du titre fastueux de conquérans ! Alexandre fut le premier qui dirigea des vues d'usurpation sur l'Inde ; si la mort n'eût pas arrêté ses progrès, il eût bientôt asservi sans peine les peuples nombreux de l'Asie. Sandrocotus, indien, qui avait appris sous lui le métier de la guerre ; les Arabes qui succédèrent à ce dernier dès le commencement du huitième siécle, les barbares conduits par Mahmoud trois cents ans après, et qui furent chassés à leur tour par Gengiskan et ses Tartares, vers l'an 1200 ; les Partanes sortis des montagnes du Kandahar ; Tamerlan qui, après s'être emparé des provinces du nord, abandonna à ses lieutenans le pillage de celles du midi, furent autant de conquérans dont le despotisme et la cupidité asservirent et dépouillèrent successivement les malheureux indiens ; enfin, par un de ces évènemens extraordinaires que le hasard ou l'audace déterminent rarement, un monarque détrôné, Babar, chassé de ses états par les tartares usbecks ses sujets, devint le fondateur de l'empire mogol, jadis le plus puissant, aujourd'hui un des plus faibles de l'Inde.

Les empereurs mogols divisèrent leurs états en soubabies et en nababies. Les soubas étaient des grands officiers de la couronne à qui l'empereur confiait l'administration civile, militaire et financière. Les soubas chargeaient les nababs de la perception des revenus : ceux-ci avaient des fermiers, et ces fermiers avaient des cultivateurs. Les fermiers versaient le produit de leur bail dans les mains des officiers du nabab, celui-ci dans celle des officiers du souba, et enfin le souba les faisait passer au trésor de l'empire.

Il n'y avait ni taxe personnelle ni impôt sur l'industrie, parce qu'il était impossible de rien prétendre de ceux à qui on ne laissait rien ; et le sort des indiens était tel dès-lors, que souvent ces infortunés se vendaient volontairement à des particuliers qui les nourrissaient, plutôt que de rester en jouissance de leur état civil, qui n'était qu'un esclavage plus accablant, et ne leur laissait aucun moyen d'existence. A la mort d'Aurengzeb, ce conquérant féroce qui s'était couvert du sang de son père, de ses frères et de ses neveux, l'empire mogol, qui comprenait tout l'Indostan à peu de chose près, fut presque anéanti. Les soubas et les nababs cherchèrent à se rendre indépendans : tout cédait à la force ou au caprice. Mais ce fut bien pis encore, lorsqu'en 1738 Nadercha ( Thamas-Kouli-kan ) fut entré victorieux et presque sans résistance jusques dans le palais de Muhamet : Nadercha réunit à la Perse les provinces mogoles qui étaient le plus à sa convenance, et se retira chargé d'un butin immense. Alors il n'y eut plus ni lois ni subordination; les soubas et les nababs cessèrent d'être amovibles, et tout fut permis impunément à quiconque put mettre des troupes sur pied et prétendre à une souveraineté.

Le désordre et le découragement, la misère et la famine ravagèrent pendant dix ans ces belles et malheureuses contrées, et il était à craindre qu'il ne restât plus au commerce d'Europe ni ressources ni abri, lorsque Dupleix, que son génie et un amour excessif de gloire pouvaient porter aux plus grandes choses, entreprit de profiter de ces circonstances pour assurer à la France une grande domination au milieu de l'Asie, et, en 1751, ayant réuni les forces dont il avait la direction dans l'Inde, se trouva assez puissant pour donner un souba au Décan (1), et un nabab au Carnate (2). Ces nominations valurent à la France ;

Au Midi :

L'isle de Sheringam ; une grande influence sur les pays voisins ; une bien plus grande encore sur tout le Tanjaour qu'on pouvait priver des eaux indispensables pour la culture de ses riz ; une augmentation de dix lieues de territoire et de quatre-vingts aldées pour le Nazical, et autant pour Pondichéry.

Au Nord :

Le Condavir, Mazulipatnam, l'île de Divi et les quatre provinces de Montufarnagar, d'Elour, de Ragimendry et de Chicakol.

Dupleix fut nommé lui-même nabab, et de plus obtint

______

(1) Salabetzingue, l'un des fils du dernier souba.
(2) Chandasaeb, parent du dernier nabab.

le gouvernement de toutes les possessions de l'empire mogol.

A cette époque, l'indépendance rebelle des soubas, des nababs et des rajas, d'une part; et de l'autre, la crainte des rajeputes, des patanes, des seiks et sur-tout des marates, les plus redoutables de tous ces ennemis, mirent la cour de Delhy dans l'impossibilité de s'opposer à des arrangemens qui devaient lui devenir si funestes.

Tel était l'état glorieux où Dupleix avait élevé la France dans l'Inde.

La félicité générale succéda aux désastres qui avaient si long-tems agité ces malheureuses contrées. Les revenus publics étaient montés à douze millions, et les destins de la France allaient être à jamais fixés dans l'Inde, lorsque le ministère français et la direction de la compagnie, toujours soumis à une fatale influence, ou toujours incertains dans leurs résolutions, ordonnèrent à Dupleix de refuser le gouvernement perpétuel du Carnate qui lui avait été offert, et remplacèrent cet administrateur éclairé qui avait rendu les plus grands services à la compagnie, par Lally, qui devint une des principales causes de ses malheurs.

Les Français perdirent tous leurs établissemens dans l'Inde, et depuis ont cessé d'y avoir la moindre influence.

Le détail de ces révolutions peut donner une idée du despotisme des gouvernans dans l'Inde et de l'oppression des indiens. Malheur à l'ouvrier trop habile qui fonderait quelques espérances sur la perfection de ses ouvrages! les gouvernans le font travailler pour eux et le payent mal. Malheur à celui qui devrait à une industrie plus active un accroissement de richesses ! les gouvernans s'emparent du fruit de ses travaux, et quelquefois même se portent à de plus grands excès. Une longue habitude de despotisme, le nombre et la faiblesse même de ses gouvernans, l'impossibilité de sortir de sa caste, peut-être aussi l'influence du climat, sont autant de causes qui concourent à l'oppression du malheureux indien et qui la rendent facile.

Sous un tel ordre de choses et dans des états où les propriétés n'ont point un caractère sacré et inattaquable; dans un pays exposé à des révolutions journalières qui bouleversent tout, et dont les habitans peuvent endurer la famine la plus affreuse, sans sortir de leur inertie, ni rien entreprendre contre les auteurs d'un tel fléau, on concevra sans peine qu'il ne doit exister que des individus pauvres et toujours asservis. Cent millions d'indiens forment les neuf dixièmes de la population de l'Inde; partout ils sont cultivateurs ou ouvriers, n'ayant pour nourriture que du riz, et pour fortune que le salaire modique d'un travail journalier. Les descendans de la dernière nation conquérante, les tartares mogols, au nombre de dix millions, occupent à la cour, dans la ville ou dans les camps tous les emplois éminens ou lucratifs.

Les peuples d'Europe, que le commerce attire dans l'Inde, et qui n'y ont pas de grandes propriétés territoriales dont les revenus puissent leur procurer, sur les lieux mêmes, des moyens de fabrication et d'industrie, sont donc obligés d'apporter des objets d'échange, et principalement du numéraire pour servir à leurs achats.

Ici viennent s'offrir diverses considérations, que les partisans du système de privilége font valoir en sa faveur :

La régularité des vents de l'Inde, connus sous le nom de *moussons*, qui, pendant six mois de l'année, soufflent constamment du même côté.

La nécessité, vu la pauvreté et le dénuement des tisserands indiens, de leur commander l'ouvrage, qui ne se fabrique qu'à fur et à mesure des demandes et au moyen d'avances, sans lesquelles le tisserand ne serait pas en état de travailler.

Le besoin indispensable d'une force de terre et de mer dans l'Inde, qui puisse protéger l'expédition européenne, et la défendre des insultes et des attaques auxquelles elle peut être exposée; et voici les motifs d'après lesquels ces partisans cherchent à prouver la nécessité de leur système.

Une expédition pour l'Inde, disent-ils, exige pour l'armement du navire ou la valeur de la cargaison un déboursé effectif de cinq à huit cent mille fr.; dès-lors, il est peu de négocians particuliers qui, même avec les secours de plusieurs actionnaires, puissent facilement armer et expédier plus de deux vaisseaux pour l'Inde. Prenons un armement pareil pour exemple, et supposons même que ces deux vaisseaux soient rendus au terme de leur destination éloignée, sans accident fâcheux : les trois mois pluvieux étant l'époque de l'année la plus favorable à la fabrication des mousselines, il faut que l'arrivée des vaisseaux concoure avec elle. Supposons ce point obtenu ; faisons même plus, accordons aux nouveaux débarqués la possibilité de rassembler à l'instant un nombre suffisant de tisserands, pour fabriquer la quantité de mousselines ou autres étoffes qui devront composer leur cargaison de retour, bien que le plus souvent ils doivent manquer de renseignemens des localités et autres semblables, et que les ouvriers doivent aussi naturellement se trouver employés par les banjans ou autres, qui, leur donnant de l'ouvrage une grande partie de l'année, ont bien quelque droit à exiger la préférence de leur travail dans les trois mois qui favorisent davantage la fabrication : il en résultera toujours la nécessité d'attendre que l'ouvrage soit fini, et si dans cet intervalle le vent change de direction, voilà nos deux vaisseaux retenus dans l'Inde pour six mois de plus ; d'où il s'ensuivra des frais énormes et des dangers de toute espèce, tant pour la garde des marchandises fabriquées, que pour se défendre des insultes et même des attaques dirigées contre des étrangers isolés, exposés à la jalousie des autres nations européennes, au despotisme des gouvernans, et au pillage, tant des indiens que des corsaires marates, etc.

Que si, pour prévenir tous ces inconvéniens, le négociant particulier divise son expédition, et fait embarquer sur son premier navire partant d'Europe ; un ou plusieurs agens pour préparer la cargaison du second, en supposant applanies les difficultés que nous venons de faire connaître, il s'en élévera de plus considérables encore. Ces agens ne pourront commander l'ouvrage qu'en comptant les avances d'usage aux tisserands : comment se procureront-ils ces fonds ? Le premier navire qui leur en aura apporté, devra donc s'en retourner en Europe avec une cargaison moins complète ; alors même ces agens resteront seuls sur les lieux, ils devront louer des magasins pour recevoir les étoffes fabriquées. Mais s'ils sont insultés, s'ils sont menacés, à qui auront-ils recours ? Et si, pour comble de malheur, le navire attendu avec tant d'impatience pour trouver les moyens de solder et de retirer les ouvrages en fabrique, vient à échouer ou à naufrager dans sa traversée, que deviendront ces agens, et à quelles pertes leur commettant ne se trouvera-t-il pas exposé ?

Une grande compagnie privilégiée, par ses préposés, par ses forces militaires, et par une mise de fonds suffisante, évitera tous ces inconvéniens, et la connaissance de ces faits sert à prouver que le commerce de l'Inde ne peut pas être fait autrement, si l'on veut conserver l'espérance de quelques succès.

Tels sont les moyens qui seront mis en avant par les partisans du système exclusif.

Les négocians n'ayant jamais eu qu'à courts intervalles la faculté de faire le commerce de l'Inde, et le tems nécessaire pour y former des relations, leur ayant ainsi toujours manqué, il serait difficile d'indiquer ici les moyens qui devront être employés pour applanir ou surmonter ce qu'il pourra y avoir d'obstacles réels dans les circonstances qui viennent d'être citées. Le commerce agit peu par théorie, la pratique est sa boussole, et l'expérience qu'il acquiert par ses revers et par ses succès, des causes qui peuvent écarter les uns et assurer les autres, est ordinairement sa seule règle. Ici on ne peut nier que l'immensité des distances opposera de grands obstacles ; mais j'oserais prédire qu'ils seront surmontés. Les portugais, les hollandais, les anglais et les français ont commencé par des expéditions de deux et quatre navires, et le succès de ces premiers envois en a déterminé de plus considérables. Le commerce libre fera les mêmes essais ; il enverra des agens moins nombreux peut-être, mais qui seront bien plus sûrs et plus affectionnés, parce que chaque armateur destinera à une pareille mission un fils, un frère, un neveu, un parent ou un ami, qui prendront bien autrement à cœur les intérêts de leur commettant, que des préposés d'une compagnie. Les négocians français formeront des maisons de commerce dans l'Inde, ainsi que la maison Bérard, de Lorient, et trois ou quatre autres l'avaient fait à Pondichéry avant le privilége de 1785; des citoyens français iront même s'y établir, y commerceront d'Inde en Inde, et à l'arrivée d'un navire d'Europe, seront en état de compléter beaucoup plutôt sa cargaison.

Du reste, ces dangers que j'ai rapportés sur la foi des partisans du système privilégié ou de quelques actionnaires de l'ancienne compagnie, sont presque tous exagérés. Les achats ou commandes faits par contrats, obtiennent toujours aisément un bénéfice de 10 à 20 pour cent sur les prix du commerce. Ainsi, en supposant qu'un agent se trouvât contrarié par le retard ou le défaut d'arrivée d'un navire attendu, il trouverait toujours à revendre aisément et à bénéfice les objets qu'il aurait fait fabriquer. Il y a bien quelques corsaires marates; mais ce danger, comme celui qu'on veut faire craindre de la part des naturels du pays, est peu considérable. La France aura d'ailleurs dans ses établissemens des gouverneurs, des commissaires des relations commerciales et quelques faibles garnisons, à qui on pourrait recourir au besoin.

La force militaire, attachée au service d'une compagnie offrira sans doute des moyens de répression qui manqueront au commerce ; mais cette force, tout comme les établissemens à faire sur les lieux, le plus grand nombre d'agens à y entretenir, formeront un excédent de frais qui pourra devenir préjudiciable aux intérêts de la compagnie, si, dans les premiers tems sur-tout, ces frais ne doivent pas être répartis sur une masse d'affaires assez considérable pour écarter la concurrence de prix des anglais. On objectera que les anglais ne peuvent pas introduire des mousselines en France ; mais si ces mousselines pouvaient être obtenues à Londres à un prix bien au-dessous de celui de la compagnie privilégiée de France, cela ne donnerait-il pas lieu à une contrebande qui nuirait même au débouché de la compagnie.

De ces dépenses énormes de souveraineté et de régie auxquelles sont tenues les compagnies étrangères privilégiées, doit naître au contraire le seul moyen de déterminer une concurrence infiniment avantageuse pour la France, si toutefois le gouvernement laisse aux négocians la liberté du commerce de l'Inde. En effet, on conçoit aisément que le commerce libre, qui ne sera tenu à aucune dépense étrangère à ses expéditions particulières, et qui y mettra même la plus grande économie, sera satisfait d'obtenir un bénéfice net de quinze à vingt pour cent et multipliera ses expéditions, tandis que les compagnies privilégiées ne trouveraient pas dans un bénéfice pareil de quoi couvrir leurs frais (1).

(1) « C'est une chose reconnue , que les frais de régie d'une compagnie ,
» étant fort chers et surchargés de beaucoup de dépenses étrangères au com-
» merce , elle ne peut faire que les commerces qui donnent de grands profits ,
» tels que cent pour cent ou quatre-vingt pour cent. Tous les commerces qui
» rapportent moins, sont perdus pour les compagnies , et elles ne sauraient les en-
» treprendre: or , comme rien ne resserre plus le commerce que les grands profits,
» il n'est pas étonnant que des pays aussi vastes que la Chine et les Indes-Orien-
» tales, suffisent à peine pour occuper vingt vaisseaux de la compagnie des Indes
» par an. Les marchandises qu'ils apportent sont si chères, qu'excepté les thés ,
» dont nous consommons peu , cela n'empêche pas que les étrangers ne nous
» versent des quantités considérables des mêmes espèces de marchandises que
» la compagnie apporte. L'effet de la compagnie n'a donc été autre que de res-
» serrer notre commerce, et de nous faire acheter beaucoup plus cher les mêmes
» marchandises que nous aurions pu acheter à beaucoup meilleur marché, s'il
» eût été permis aux négocians d'aller négocier aux Indes. Si ce commerce deve-
» nait libre aujourd'hui , bien loin que les étrangers fussent en état de verser chez
» nous des marchandises de l'Inde , nous les établirions à si bon marché, qu'ils
» préféreraient de les acheter de nous , plutôt que de leurs compagnies même.
» En effet, les particuliers pouvant mettre beaucoup plus d'économie dans leurs
» armemens, se contenteraient bientôt de gagner vingt-cinq à trente pour cent
» dans les voyages de l'Inde ; et comme rien n'est plus vrai que les petits profits
» étendent le commerce , cent vaisseaux particuliers trouveraient bientôt de
» l'occupation, et très-abondamment, dans les pays qui ne suffisent pas aujour-
» d'hui pour occuper vingt vaisseaux de la compagnie ; ils procureraient le dé-
» bouché d'un plus grand nombre de marchandises , et nous feraient connaître
» une infinité de branches de commerce que le bon marché découvre , et qui
» ne seront jamais connues, tant que la faculté de commercer aux Indes sera
» l'apanage exclusif d'une compagnie, pour qui tout l'intervalle qui se trouve
» entre vingt-cinq ou quatre-vingt pour cent de profits , est un pays perdu , et
» où elle ne peut pas mettre le pied : la compagnie n'a donc fait que resserrer
» notre navigation et notre industrie, au lieu de l'étendre. On peut même remar-
» quer , et ceci est très-essentiel, que les branches de commerce les plus consi-
» dérables que la nation ait acquises depuis 1720, et qui sont aujourd'hui les
» plus florissantes, elle ne les a acquises que par l'infraction des priviléges de
» la compagnie. En effet, les îles de Saint-Domingue et de la Martinique seraient
» encore presque sans nègres, et par conséquent sans culture , si la compagnie
» s'était réservé le privilége de les approvisionner exclusivement , et n'eût pas

Ainsi il arriva en 1626 , époque d'un privilége accordé à une compagnie française pour l'île St.-Christophe et îles adjacentes, que des liaisons qu'on ne put empêcher, et qui se formèrent entre les habitans de ces îles et les hollandais, mirent bientôt la compagnie privilégiée dans l'impossibilité de continuer ses opérations.

Les hollandais apportèrent à St.-Christophe des vivres et des marchandises, à des conditions infiniment plus modérées que celles de la compagnie française, et fournirent à tous les marchés de l'Europe les denrées de ces îles à des prix qui leur laissèrent des bénéfices suffisans, et qui ne permirent pas à la compagnie de soutenir leur concurrence.

Quel avantage pourrait d'ailleurs compenser les dangers d'une compagnie privilégiée, comparativement à ceux du commerce, avant l'époque où un établissement de ce genre ne pourra pas, au besoin, être protégé par une marine suffisante? Je suppose une compagnie puissante et ayant déja obtenu les succès les plus brillans :

---

» transporté aux particuliers la permission de traiter à la côte de Guinée, moyennant 10 liv. par tête de nègre, nous ne consommerions encore que du café de » Moka; et ces îles seraient aujourd'hui privées de cette production, si l'on n'en » avait pas permis la culture, malgré les oppositions et les représentations de la » compagnie, et malgré les mouvemens qu'elle se donna pour empêcher le roi » d'accorder la faculté d'introduire et de vendre dans le royaume le café des » Colonies. L'étendue que ces branches de commerce ont acquise depuis qu'elles » ont été abandonnées aux particuliers, et les avantages que l'état en a retirés, » sont une preuve de ceux qui lui reviendraient, en engageant la compagnie à » se défaire des autres parties de son privilége en faveur des particuliers. »

*Observations de M. de Gournai, intendant du commerce, sur le rapport fait au ministre des finances, sur l'état de la compagnie des Indes, en 1755.*

qu'il survienne une rupture entre la France, et une des grandes nations maritimes de l'Europe ; à l'instant, les vaisseaux, les richesses de cette compagnie sont envahis. Il y a plus, l'espoir et la facilité de s'emparer de ces richesses, peut occasionner un différent, et en faire un sujet de rupture : il n'y aura ni le même motif ni la même possibilité à l'égard du commerce.

La dernière compagnie, quoiqu'assez puissante par ses moyens, et dirigée par des administrateurs éclairés, n'avait pu vaincre des obstacles au-dessus de ses forces ; elle n'était en quelque sorte que le simple facteur des anglais, qui lui fournissaient une grande partie des étoffes propres à ses retours. Or, est-ce là le commerce de l'Inde qui devait être privilégié ? N'était-ce pas plutôt une véritable introduction frauduleuse de marchandises anglaises ? L'abus de son privilége eût été bien plus grand encore, si le citoyen Perié, un de ses administrateurs, eût réussi dans la mission dont il est de notoriété publique qu'il fut chargé. La compagnie envoya cet administrateur à Londres pour y proposer à la compagnie anglaise de fournir à la compagnie de France toutes les étoffes ou retours nécessaires à son débouché, moyennant un bénéfice de dix pour cent. Le traité allait être conclu, lorsqu'il survint, sans qu'on en ait su le motif, une opposition de la part du directoire de la compagnie anglaise. Si, comme on peut s'en convaincre, ces faits sont positifs ; s'il est vrai, de plus, que la compagnie qui solliciterait en ce moment un privilége, se trouverait dans une position moins favorable encore que la précédente, par la diminution de nos possessions, par la destruction de nos alliés dans l'Inde, et par le manque de numéraire en France, serait-il juste, serait-il convenable, pour enrichir quelques particuliers, d'accorder à une compagnie un privilége contraire aux principes actuels, et toujours préjudiciable aux intérêts du commerce en général. Une compagnie réunira plus de moyens, j'en conviens; mais le commerce mettra plus d'économie à ses expéditions, et elles auront le double avantage pour l'état (1), de faire sortir moins de numéraire et plus de denrées ou produits industriels nationaux. Le commerce qui a toujours l'œil ouvert sur les opérations utiles, se livrera à des spéculations de ce genre, *s'il y a lieu*, et pourra toujours le faire avec autant de succès, parce qu'il calculera aussi bien qu'une compagnie, qu'il vaut mieux porter dix pour cent de bénéfice aux anglais dans l'Inde, s'il n'y a pas moyen de faire autrement, que de leur en payer trente en Europe (2).

---

(1) Il est généralement reconnu que l'argent monnoyé mérite la préférence sur tout autre objet qu'on peut porter dans l'Inde; mais un négociant qui obtient, à 3, 4, 5 et 6 mois de terme (il avait même un an autrefois), des vins, cuivres, fers, etc., force toujours ces sortes d'expéditions, parce qu'elles facilitent d'autant son armement : en outre, tel autre négociant à qui il cède une ou plusieurs actions, stipule qu'il paiera une partie de ces actions en marchandises propres pour l'Inde, parce qu'il en a dans ses magasins ou dans ses fabriques, sur lesquelles il fait par-là un premier bénéfice; dès-lors, on conçoit que les expéditions du commerce pour l'Inde, font sortir moins de numéraire et plus de denrées ou marchandises nationales, que celles d'une compagnie privilégiée; et, en cela, ces sortes d'expéditions sont plus avantageuses à l'état, quand même elles pourraient être moins avantageuses au négociant.

(2) La dernière compagnie, sous prétexte qu'elle ne trouvait pas toujours dans l'Inde à compléter ses achats, avait obtenu l'autorisation privilégiée de se pourvoir, même en Europe, des marchandises de l'Inde.

Jusqu'ici on a tout fait en France pour des compagnies privilégiées, qui toutes ont éprouvé des revers ou des malheurs; pourquoi ne tenterait-on pas une seule fois de favoriser aussi le commerce, s'il est possible sur-tout de concilier sa liberté, ses succès et l'avantage de l'état. S'il reste encore des doutes sur la possibilité de faire avec succès le commerce de l'Inde, autrement que par une compagnie privilégiée, j'aurai du moins pour mon opinion, en faveur de la liberté absolue de ce commerce, d'une part, l'expérience de ses succès dans les courts intervalles où elle a été accordée; de l'autre, les sages avis de l'homme célèbre à qui nous devons les plus grandes lumières sur les établissemens des européens dans l'Inde.

Depuis le commencement du dix-septième siècle jusqu'en 1769, cinquante-cinq des principales compagnies de commerce maritime à privilége exclusif, étaient déja tombées en Europe; savoir :

| | |
|---|---:|
| En France, . . . . . . . . . . . . . | 33 |
| En Espagne, . . . . . . . . . . . . . | 4 |
| En Italie, . . . . . . . . . . . . . | 2 |
| En Hollande, . . . . . . . . . . . . | 3 |
| En Angleterre, . . . . . . . . . . . | 9 |
| En Danemarck, . . . . . . . . . . . | 4 |
| | 55 (1). |

---

(1) On en trouvera le détail, la date de leur création et celle de leur chûte, si l'on est curieux de les connaître, dans l'examen de la réponse de M. N., au mémoire de M. l'abbé Morellet, *sur la compagnie des Indes*, par l'auteur du mémoire. Paris, Desaint, 1769.

Le premier privilége exclusif accordé en France pour le commerce de l'Inde, eut lieu en 1604; il devait durer quinze ans.

En 1611, la compagnie, qui n'avait encore envoyé aucun vaisseau dans l'Inde, sollicita et obtint un nouveau privilége.

Des négocians de Rouen voulurent entreprendre, en 1615, quelques expéditions pour leur compte; mais la compagnie s'y opposa, quoiqu'elle n'eût pas encore fait usage de son privilége.

Par lettres – patentes du 2 juillet 1615, ces négocians obtinrent cependant d'être admis au privilége de la compagnie, à laquelle ils furent réunis. Ce nouveau privilége expira en 1627, sans que la compagnie eût encore entrepris une seule opération pour l'Inde.

Le privilége n'ayant pas été renouvelé, des négocians de Dieppe firent une expédition. Le succès de cette expédition les engagea à former une association particulière, qui donna lieu à quelques voyages avantageux.

Ainsi le commerce libre profita du premier instant de liberté pour tenter avec succès ce que, dans un intervalle de 23 ans, diverses compagnies privilégiées n'avaient pas osé faire.

Le cardinal de Richelieu, dans la vue de déterminer de plus grands efforts, rétablit le privilége pour dix ans en 1642, et en 1650, cette compagnie avait entièrement cessé ses opérations.

En 1652, elle fit cependant renouveler son privilége; mais cette nouvelle compagnie fut aussi inactive que les précédentes.

Aucune compagnie privilégiée ne sera jamais aussi favorisée que celle que Colbert établit en 1664.

Un privilége de cinquante ans.

Le droit de naturalité, accordé à tout étranger qui deviendrait propriétaire d'un intérêt de vingt mille francs.

Tous les officiers qui prendraient le même intérêt, dispensés de résidence à leur corps, conservant leur grade et jouissant de leurs appointemens.

L'exemption des droits d'entrée et de sortie sur tous les objets nécessaires à la construction, l'armement, l'avitaillement de ses vaisseaux.

Cinquante livres, par tonneau, de prime sur les marchandises exportées, et soixante-quinze pour celles importées.

Des honneurs et même des titres héréditaires promis à tous ceux qui se distingueraient au service de la compagnie.

L'escorte de ses convois, le soutien de ses établissemens par la force des armées de terre et de mer.

Trois millions de prêt.

L'invitation à tous les grands, aux magistrats, aux citoyens de tous les ordres, de devenir actionnaires ou de concourir aux succès de la compagnie.

L'engagement du gouvernement de prêter le cinquième des sommes qui seraient versées par les actionnaires, l'abandon même de quatre millions avancés à ce sujet, au lieu de deux.

Ajoutons sur-tout la force maritime de l'état assez puissante alors pour anéantir toute opposition de la part d'une nation quelconque.

De si généreux secours et tant de sacrifices, n'empêchèrent pas cependant que la compagnie, après être sortie de Surate, sans avoir payé ses dettes (1), ne se trouvât, en 1682, dans l'impossibilité de continuer ses opérations.

Le commerce libre lui succéda à cette époque, en vertu d'une autorisation qui devait durer cinq ans, et, quoiqu'il fût grevé d'autant de charges que la compagnie privilégiée avait obtenu de

______

(1) « La compagnie française avait un comptoir à Surate, dont elle sortit sans
» payer ses dettes. Elle perdit par-là le seul débouché qu'elle connût alors pour
» ses draps, son plomb, son fer, et elle éprouvait des embarras continuels dans
» l'achat des marchandises que demandaient les fantaisies de la métropole ou le
» besoin des colonies. » *Hist. philos.*

faveurs (1), ses succès furent tels, que les actionnaires en devinrent jaloux, et, au bout de deux années seulement, obtinrent d'être réintégrés dans leur privilége exclusif.

Dès-lors, nouvelles catastrophes; les actions perdirent trois quarts de leur valeur primitive, et les ventes françaises, dans l'espace de vingt ans, ne s'élevèrent pas en totalité au-dessus de 9,100,000 livres.

Dans cette situation désastreuse, il fallut de nouveau recourir au commerce. En 1707, la compagnie céda ses droits aux négocians, moyennant un bénéfice de quinze pour cent, et la faculté qu'elle se réserva de prendre sur leurs expéditions tels intérêts dont elle pourrait faire les fonds.

Elle fit plus; elle traita de son privilége exclusivement avec le commerce de St.-Malo, et c'est de cette époque que datent, en grande partie, les richesses de cette ville et le rang élevé qu'elle a tenu pendant quelque tems parmi les ports les plus florissans.

Nous avons déja vu qu'il ne s'était fait aucune expédition pendant les vingt-trois premières années du privilége exclusif, et que des négocians de Dieppe avaient profité du premier instant de la liberté de ce commerce, pour envoyer dans l'Inde plusieurs vaisseaux. Ce fut encore un négociant qui, le premier, fit connaître le commerce de Chine. Ce négociant, nommé Jourdan, eut beaucoup de peine à obtenir de la compagnie privilégiée la permission d'expédier un navire en Chine; elle lui fut cependant accordée, moyennant une retenue de cinq pour cent sur le montant de ses retours, au profit de la compagnie.

Cette expédition, qui fut faite en 1698, ayant réussi, le sieur Jourdan forma une compagnie pour le commerce de Chine. Ce

---



(1) Les négocians ne pouvaient employer que les vaisseaux de la compagnie, dont le fret devait être payé à un taux convenu et toujours arbitraire.

Les marchandises en retour devaient être déposées dans les magasins de la compagnie; elles étoient assujéties à un droit de cinq pour cent, etc.

privilége particulier lui fut vendu vingt-cinq mille francs, à la charge, pour son association, de ne commercer dans aucune autre partie de l'Inde, et même de ne relâcher dans aucuns des comptoirs de la compagnie privilégiée.

Ainsi la compagnie privilégiée, qui avait laissé s'écouler un intervalle de trente-quatre ans depuis sa création, en 1664, sans faire aucune expédition de ce genre, ne consentit à céder cette partie de ses droits, dont elle n'avait fait aucun usage, qu'au prix de charges et d'entraves infiniment onéreuses au commerce libre.

A l'expiration de son privilége, en 1714, la compagnie ne possédait plus rien de son capital, et devait dix millions. Elle sollicita, et le gouvernement lui accorda un nouveau privilége exclusif.

A la vérité, le système de Law, qui bouleversa toutes les fortunes, dut alors s'opposer à ses succès; mais à la chûte du système, le gouvernement accorda à la compagnie, qui réunissait à son privilége celui du commerce de nos îles occidentales, le monopole du tabac, le privilége exclusif de toutes les loteries de France, la permission de convertir en tontines ou rentes viagères une grande partie de ses actions, etc. etc. Que fit alors la compagnie ? Elle ne ne songea qu'à vendre au commerce ses droits en Amérique, en Afrique et en Asie, et, après avoir gêné la traite des nègres, retardé les progrès de nos colonies à sucre et à café (1),

---

(1) Avant que les colons de la Martinique fussent devenus assez riches pour donner, de préférence, leurs soins à la culture des cannes à sucre, ils s'attachaient presque exclusivement à celle du cacao, qui leur était indiquée par le grand usage qu'on faisait alors en France, du chocolat. Mais il arriva qu'un ouragan affreux, ayant détruit, en 1727, tous les cacaoïers, cette calamité fut la cause de la ruine totale de la colonie. A cette époque, on conservait avec soin, au jardin des Plantes de Paris, deux pieds de cafier, dont les hollandais avaient fait présent à Louis XV : on en tira deux rejetons, que M. Desclieux fut chargé de porter à la Martinique. La traversée fut longue, et l'eau devint rare à bord. M. Desclieux n'hésita point de se priver de moitié de la ration qui lui revenait, en faveur de ces deux arbustes, et, au moyen de ce généreux sacrifice, il parvint à en sauver un.

elle devint une association de fermiers, au lieu de rester compagnie de commerce.

Sous le ministère d'Orry, malgré les secours qu'elle devait attendre du génie, des connaissances profondes et des bonnes inten-

---

Le résultat de cette expérience surpassa tout ce qu'on en avait attendu. Le cafier multiplia si abondamment, et ses produits furent si avantageux, qu'en 1732 le débouché commençant à manquer à la denrée, les habitans de la Martinique demandèrent l'autorisation d'en fournir à la consommation de la métropole. Mais il existait alors en France une compagnie privilégiée qui avait seule le droit de vendre le café, qu'elle tirait à grands frais de Moka, et une demande si juste et si naturèle éprouva de sa part les plus grandes oppositions ; tout ce que purent obtenir les cultivateurs de la Martinique fut la permission d'entreposer leurs cafés en France pendant un an, à la charge par eux de les faire passer à l'étranger après l'expiration de ce délai.

Pour se faire une idée des funestes effets des priviléges exclusifs, il ne faut que lire la déclaration du roi du 27 septembre 1732, qui intervint à ce sujet :

« Les cafés provenant des plantations et culture de l'île française de la Marti-
» nique, et qui en seront apportés par des vaisseaux français et non autres, ne
» pourront entrer que dans un certain nombre de ports, sous la condition d'y être
« mis en entrepôts, et de n'en pouvoir sortir que pour être transportés en pays
» étrangers, à peine de confiscation des cafés et de trois mille livres d'amende; ils
» seront mis dans un magasin général, aux frais des marchands et négocians, et
» qui fermera à deux serrures et deux clefs différentes, pour être, une desdites
» clefs, remise au commis de la compagnie des Indes, et l'autre entre les mains
» de celui qui en sera pour ce préposé par lesdits propriétaires; et ne pourront,
» lesdits cafés, rester entreposés que pendant un an au plus, passé lequel tems
» ils seront et demeureront confisqués au profit de ladite compagnie des Indes.

» Les cafés, mis en entrepôt, ne pourront sortir que dans les mêmes balles ou
» autres de même contenance que celles dans lesquelles ils seront arrivé  ni être
» embarqués et chargés que sur la permission que le commis de la compagnie des
» Indes en délivrera, et en sa présence : la permission ne pourra en être délivrée
» qu'après que les négocians auront fourni une déclaration contenant le nom du
» navire où les cafés devront être embarqués, les quantités desdits cafés, le nombre
» des balles, les numéros et poids de chaque balle, et le lieu de leur destination en
» pays étranger; ensemble leur soumission de rapporter, dans le terme de six mois,
» la susdite permission, visée des personnes qui seront indiquées par le commis de
» la compagnie des Indes et dénommées dans la soumission, avec le certificat des-
» dites personnes au dos de ladite permission, pour constater que les cafés auront

tions de Dumas, Dupleix (1) et Labourdonnais (2), elle n'obtint que des succès passagers, et se vit bientôt réduite aux plus grands malheurs, puisqu'elle eut besoin de recourir au roi qui, par l'étrange édit de 1764, fixa l'action à 1600 livres, portant 80 livres d'intérêt, et ce, sans que ce capital et cet intérêt *fussent tenus, en aucun cas et pour quelque cause que ce fût, des engagemens que la compagnie pourrait contracter postérieurement à la date de l'édit.*

En 1769, les fautes, les malheurs, les besoins de la compagnie privilégiée, et l'impuissance où elle se trouvait alors de continuer ses opérations, furent rendus publics. M. l'abbé Morellet qui,

---

» été réellement transportés et déchargés dans les lieux de leur destination et en » semblables quantités, et en pareil nombre de balles de même poids qu'ils auront » été déclarés; à défaut de quoi lesdits cafés seront réputés être restés ou rentrés » en fraude dans le royaume, et lesdits propriétaires seront condamnés à payer à » la compagnie des Indes la valeur desdits cafés, à raison de quarante sous la livre, » poids de marc, pour tenir lieu de la confiscation d'iceux, et en 3,000 livres d'a-» mende, etc. »

Le généreux Desclieux n'avait pas hésité à se priver d'une partie d'un secours indispensable à son existence, pour conserver le dépôt précieux confié à ses soins; et une compagnie cupide rend inutile ce beau dévouement, en privant une colonie importante de la seule ressource qui lui reste pour réparer son désastre !

(1) « Dupleix n'était frappé que de l'avantage glorieux d'assurer à la France une » domination nouvelle au milieu de l'Asie; de la mettre en état, par les revenus qui » y seraient attachés, de couvrir les frais de commerce et les dépenses de souverai-» neté; de l'affranchir même du tribut que notre luxe paye à l'industrie des indiens, » en procurant au royaume des cargaisons riches et nombreuses, *qui ne seraient* » *achetées par aucune exportation d'argent,* mais dont les fonds seraient faits par la » surabondance des nouveaux revenus. » *Hist. philos.*

(2) « Un des directeurs de la compagnie demandait un jour à Labourdonnais, » comment il avait si mal fait les affaires de la compagnie et si bien les siennes : » *C'est,* répondit-il, *que j'ai fait mes affaires selon mes lumières, et celles de la* » *compagnie d'après vos instructions.*

» Labourdonnais repassé en France, un cachot affreux fut la récompense de ses » glorieux travaux, et le tombeau des espérances que la nation avait fondées sur » ses grands talens. » *Hist. philos.*

dans son excellent mémoire, n'a laissé subsister aucune des raisons spécieuses en faveur du privilége, sans la réfuter victorieusement, prouva jusqu'à la dernière évidence ;

Sous les rapports adminitratifs,

« Que les dépenses que le gouvernement avait faites pour
» le commerce exclusif de l'Inde, avaient été infiniment plus oné-
» reuses à l'état, que ce privilége ne lui avait apporté d'avan-
» tages ( 1 ).

« Que ces avantages, et même de plus grands encore, auraient
» pu être procurés à l'état, sans l'intervention d'une compagnie
» exclusive, et par la liberté du commerce de l'Inde. »

Sous les rapports commerciaux, il combattit d'une manière lu-mineuse toutes les objections qui pouvaient être faites contre la liberté de ce commerce, et qui se réduisent aux suivantes :

« 1°. La crainte des inconvéniens de la concurrence des négo-
« cians français dans l'Inde ;

» 2°. L'impossibilité où les vaisseaux particuliers seront de
» trouver, à leur arrivée dans l'Inde, leurs cargaisons toutes pré-
» parées ; condition essentiellement nécessaire et particulière à
» ce commerce ;

» 3°. La nécessité de faire visiter, auner, blanchir et emballer
» les toiles qui sont l'objet principal des retours de l'Inde, tant
» du Bengale que de la côte de Coromandel ;

» 4°. La nécessité des assortimens des retours ;

» 5°. La nécessité d'avoir des capitaux considérables pour le
» commerce de l'Inde, présentée comme obstacle invincible au
» commerce particulier ;

» 6°. La puissance des Anglais dans l'Inde, qui ne souffriront

______________________

(1) « Je conclus enfin qu'il n'y a point de subtilité qui puisse faire comprendre que
» l'état ait bien fait de sacrifier, en quarante ans, quatre cents millions pour soute-
» nir un commerce qui a rapporté en France environ trois cents millions. » *Mémoire de M. l'abbé Morellet.*

» jamais que le commerce libre s'y établisse, et dont les violences
» ne peuvent être contenues que par une compagnie exclusive. »

Vainement la compagnie employa-t-elle le secours d'un de ses anciens administrateurs les plus éclairés, pour repousser une attaque si formidable, et qu'elle prévit bien devoir être destructive de son privilége. Les efforts de M. N***, le brillant de son style, et l'opinion avantageuse qu'on avait de ses talens et de sa moralité, ne tinrent point contre des faits positifs, et contre la logique vigoureuse d'un adversaire, qui fut victorieux malgré les préventions injustes dont on chercha à l'entourer.

Cette controverse entre deux adversaires égaux en talens, et dont l'un n'a dû sa supériorité sur l'autre, qu'à la bonté de sa cause, forme en faveur de la liberté du commerce, un monument indestructible ; et ce n'est pas sous un gouvernement juste et éclairé, que les efforts de l'intrigue ou de l'ambition parviendront à le renverser.

Le privilége fut aboli par l'édit d'août 1769, mais la liberté rendue au commerce, fut assujétie à de nouvelles entraves et à de nouveaux sacrifices. Les négocians devaient prendre un passe-port de la compagnie. Les retours de l'Inde ne pouvaient être faits que dans le port de Lorient, etc.

Malgré toutes ces difficultés, les ventes annuèles du commerce libre, faites à Lorient, se montèrent à 30,000,000 liv. tandis que celles de la compagnie n'avaient jamais été aussi élevées, même pendant le tems de la plus grande puissance de la compagnie dans l'Inde (1). Ce fut dans cet intervalle de 1770 à 1784, que plusieurs maisons de commerce furent établies à Pondichéry, par le citoyen Bérard, de Lorient, et autres.

La dernière compagnie, fut formée en 1785, plus sage, plus modeste, et plus économe que les précédentes ; ses succès furent

______

(1) En 1754, la vente de la compagnie de France, fut de 28,081,408 livres ; elle n'avait jamais produit autant. En 1755, elle ne fut que de 18,406,904 livres, et en 1756, de 6,336,688 livres seulement.

aussi plus réels; mais elle ne chercha, en grande partie, à tirer parti de son privilége, que pour acheter aux anglais, aux hollandais, et même aux danois, les marchandises qu'elle seule était autorisée à porter en France, et sur lesquelles, par conséquent, elle devait faire un bénéfice considérable.

Telles sont les preuves fournies par l'expérience, et on voit qu'elles se réunissent toutes à montrer au gouvernement que s'il a quelqu'espoir, en ce moment, d'obtenir quelqu'avantage du commerce de l'Inde, ce n'est que du commerce libre qu'on peut l'attendre.

Il est tems de prendre en considération l'opinion de l'auteur de l'*Histoire philosophique*.

Je vais la rapporter littéralement.

« Lorsque la compagnie des Indes fut obligée de sus-
» pendre ses opérations, la navigation de l'Inde n'en fut
» pas moins suivie, quoique la politique n'eût pas pré-
» paré d'avance l'action du commerce qui devait rempla-
» cer le privilége exclusif. Dans les bons principes,
» avant d'essayer du nouveau régime, il aurait fallu
» substituer insensiblement et par degrés les négocians
» particuliers à la compagnie; il aurait fallu les mettre
» à portée d'acquérir des connaissances positives sur les
» différentes branches d'un commerce jusqu'alors in-
» connu pour eux; il aurait fallu leur laisser le tems de
» former des liaisons dans les comptoirs; il aurait fallu
» les favoriser, et, pour ainsi dire, les conduire dans
» les premières expéditions. »

Eh bien! fortifions les preuves que nous fournit l'expé-
rience du passé, par l'application des avis sages de cet homme éclairé; et, puisque, dans les circonstances ac-

tuelles, nous n'avons pas une marine suffisante pour protéger efficacement ou déterminer de grands établissemens dans l'Inde;

Puisque les succès d'une compagnie privilégiée sont au moins aussi douteux que pourraient l'être ceux du commerce;

Puisque dans ces climats éloignés, que nous avons entièrement perdus de vue depuis dix ans, il ne nous reste ni alliés ni moyens de défense;

Puisque ce serait ajouter aux inconvéniens de la rareté actuelle du numéraire en France, et produire peut-être une secousse fâcheuse, que d'en faire sortir à-la-fois de trop grandes quantités;

Puisque les expéditions du commerce font sortir moins de numéraire et plus de marchandises, ce qui tend à favoriser en même-tems l'état et les particuliers;

Puisque les essais du commerce se concilieront mieux avec notre position actuèle dans l'Inde, notre situation intérieure, et les encouragemens à accorder à un genre de fabrication que les suisses et les anglais ont déja perfectionné, et qu'il est possible d'introduire en France peut-être avec plus de succès;

Puisque ces mêmes essais ne seront point perdus pour le bien général, lors même qu'ils n'atteindraient pas le but auquel on doit tendre, en ce qu'ils fourniront des renseignemens utiles, dont nous sommes privés depuis dix ans, et nous conduiront à la connaissance des causes qui les auront contrariés;

Puisque le seul moyen de déterminer une concurrence avantageuse pour la France, en étendant notre marine

par des armemens plus nombreux, est de forcer les nations étrangères à venir se pourvoir chez nous de marchandises de l'Inde, qu'elles y trouveront à plus bas
prix, au moyen de l'économie des frais immenses de souveraineté et de régie des compagnies privilégiées;

Puisqu'enfin tant de motifs si puissans se trouvent
réunis et *que nous pourrons toujours, et dans des circonstances plus heureuses,* SUBSTITUER *la compagnie privilégiée
au commerce libre*, si les efforts de celui-ci sont reconnus
insuffisans pour donner une grande extension à nos relations avec l'Inde.

Laissons en ce moment et provisoirement au commerce, qui a besoin de réparer dix ans de malheurs par
des tentatives de tout genre, laissons-lui la liberté la plus
étendue du commerce de l'Inde.

Les négocians, armateurs, capitalistes et autres, formeront, s'ils le trouvent à propos, des associations plus
ou moins étendues, feront des armemens par actions ou
de telle manière qu'ils le trouveront convenable, et rece-
vront les retours de leurs expéditions dans tel port de
France qui sera le plus à leur convenance.

Mais afin que *la politique puisse préparer et seconder
l'action du commerce libre qui devra remplacer le dernier
privilége exclusif; afin d'essayer insensiblement du nouveau régime*, et de mettre les négocians a portée d'acquérir des connaissances positives sur les différentes branches
d'un commerce interrompu depuis dix ans, de *leur laisser le tems de former des liaisons dans les comptoirs, de
les favoriser, et, pour ainsi dire, de les conduire dans les
premières expéditions;*

Je propose la création d'un comité central consultatif du commerce et de nos établissemens dans l'Inde.

Ce comité sera chargé de fournir au gouvernement tous les renseignemens nécessaires qui auront trait à la politique ;

Aux négocians qui trouveront à propos de le consulter, tous ceux qui seront relatifs au commerce et à la fabrication ;

A l'agriculture, tous ceux qui pourront lui être utiles pour opérer la naturalisation en France et dans les Indes, des plantes, animaux, etc.

Sous les rapports politiques, ce comité rendrait compte au gouvernement de toutes les connaissances qu'il s'efforcerait d'acquérir, touchant la situation des nations européennes dans l'Inde, leur puissance, les abus de leur administration, et les moyens de former ou de préparer des liaisons utiles avec celles des puissances de l'Inde auprès desquelles des négociations pourraient être tentées.

Sous les rapports commerciaux, d'après les états qui devraient lui être remis par les douanes de la république, il aurait à présenter au gouvernement la balance annuèle de notre commerce avec l'Inde, et par suite ses avis sur tout ce qui pourrait tendre à la favoriser.

Il s'occuperait entièrement d'acquérir les lumières nécessaires pour donner aux fabriques de France, établies ou à établir, toute la perfection possible, en faisant prendre sur les lieux des renseignemens exacts sur la fabrication des mousselines et autres étoffes de l'Inde (1).

___

(1) Je citerai encore ici l'exemple des suisses, qui ont fait venir du coton filé dans l'Inde, avec lequel ils ont fait de plus belles mousselines qu'ils n'en faisaient auparavant.

Il proposerait les primes à accorder au commerce en raison des fileuses et autres ouvriers, métiers ou ouvrages à faire venir de l'Inde ;

Aux marins, en raison des services particuliers qu'ils pourraient rendre par des découvertes utiles, etc.

Il émettrait également son avis sur les encouragemens particuliers à accorder à ceux des fabricans de France qui auraient atteint un degré plus élevé de fabrication ;

La centralité de son administration le mettrait à même de faire connaître à l'instant aux négocians le nombre et la nature des expéditions faites pour telle ou telle partie du territoire indien, etc., et de leur indiquer en même-tems les besoins de telle autre ;

Enfin il devrait s'occuper, sans relâche, des moyens de donner des renseignemens utiles et d'exciter une émulation louable ;

Sous les rapports d'agriculture, il chercherait à naturaliser, tant en France et dans nos colonies, que dans nos possessions de l'Inde, les plantes, les animaux qui peuvent être utiles ou avantageux ;

Le poivrier, transplanté dans nos provinces méridionales, où il a donné des fruits qui sont venus à maturité ; l'expérience si heureuse que nous avons citée du cafier, transporté par M. Desclieux à la Martinique, sont des preuves bien convaincantes de l'avantage que l'agriculture pourrait retirer du zèle et des secours de ce comité.

Je n'entrerai point ici dans le détail des vues subséquentes sur l'établissement de ce comité, ses affiliations et ses agens particuliers ;

J'ajouterai seulement que toute espèce de commerce

des Indes, direct ou indirect, devrait être défendu à ses membres, afin d'écarter jusqu'au soupçon qu'aucune vue d'intérêt particulier influât sur les avis qui leur seraient demandés. Une telle mission ayant pour but le bien général, est assez récompensée par l'honneur qui rejaillit sur elle des succès qui sont son ouvrage.

Un établissement pareil ne nuira à personne, et pourra déterminer des résultats infiniment heureux; la dépense qu'il occasionnera sera de peu d'importance, et sera nulle en quelque sorte en comparaison des secours, des faveurs et des sacrifices toujours obtenus par des compagnies privilégiées, et, par un effet contraire, elle tournera toute à l'avantage du bien général;

Le commerce demeurera aussi libre qu'il puisse désirer de l'être, et le résultat de ses opérations servira à résoudre la grande question, dont l'expérience n'a pu encore nous donner la solution; savoir : si le commerce de l'Inde ne peut être fait qu'au moyen de compagnies privilégiées; enfin, si l'on reconnaît que ses efforts sont insuffisans, ou bien si des circonstances plus favorables à notre situation, nous mettent à même de former dans l'Inde des établissemens plus étendus; alors il sera tems, alors il sera possible, sans secousse et sans lésion, de lui substituer une compagnie privilégiée.

Le ministre de l'intérieur a consulté le commerce de France sur les questions qui ont donné lieu à ce mémoire. J'ai pu, comme négociant, répondre à cet appel, et émettre mon opinion; mais il eût fallu sans doute et plus de lumières et plus d'expérience que je n'en ai, pour traiter à fond un sujet de cette importance et de cette étendue. Si j'ai pu rencontrer quelques idées justes, et proposer quelques vues utiles, elles seront appréciées par un gouvernement éclairé et qui ne veut que le bien : si je me suis trompé, il saura excuser mon erreur, en faveur de mes intentions.

*N. B.* On proposera peut-être, en prenant un parti mitoyen, de former une grande compagnie, sous la protection spéciale du gouvernement qui, sans lui accorder un privilége exclusif, pourra la favoriser, en dirigeant quelques forces maritimes vers les lieux de ses établissemens dans l'Inde, et en lui faisant même quelques avances, comme le gouvernement l'a pratiqué lorsqu'il a été question de créer une banque nationale.

Ce sera, dira-t-on, concilier à-la-fois le respect qui est dû aux principes actuels opposés au privilége exclusif, et les encouragemens que mérite le commerce de l'Inde.

Je crois qu'un pareil moyen n'offre que des chances funestes à la compagnie. Si les négocians sont libres de commercer dans l'Inde, ils feront des expéditions qui, sans contredit, seront beaucoup moins coûteuses que celles de la compagnie, se serviront dans l'Inde de toutes les faveurs accordées à cette compagnie, et même de ses agens, qui, moyennant des gratifications, un bénéfice ou un intérêt, ne résisteront pas, à trois mille lieues de leurs commettans, à la tentation qui leur sera offerte.

La compagnie anglaise a bien défendu à ses agens de faire aucun commerce dans l'Inde ; elle a même pris à ce sujet des mesures rigoureuses, mais qui n'ont pas empêché ses préposés de tirer parti de leur séjour dans l'Inde, pour y commercer. Il est bien connu, et la dernière compagnie française sur-tout en a bien la conviction par elle-même, que, ne pouvant faire aucun retour en leur nom au-delà d'une somme déterminée, ils se servent des nations étrangères lorsqu'ils n'ont pas d'autres moyens pour envoyer en Europe, sous des noms supposés, leurs bénéfices convertis en mousselines ou autres étoffes.

On remarquera que je ne me suis que faiblement prévalu, dans le cours de ce mémoire, des principes actuels, entièrement opposés au privilége exclusif, et que je n'ai considéré la question du privilége et de la liberté que sous des rapports plus commerciaux que politiques.

De l'Imprimerie D'ANT. BAILLEUL, rue Grange-Batelière,
N°. 3.